승승장구하는 인생

乘 勝 長 驅

탈승, 이길승, 길장, 몰구

가스펠 북스

승승장구하는
인생

 독자 여러분, 신앙생활을 하면서 어떤 삶을 살아가야 할까요? 우리는 하나님 안에서 항상 승승장구하는 인생을 살아가야 합니다. 승승장구가 무엇입니까? 이기고 또다시 이기는 것입니다. 계속해서 이겨 나아가는 것이 바로 승승장구입니다.

 우리는 신앙생활 속에서 이 승승장구를 체험해야 합니다. 싸움에서 이기고 나서 또다시 이기고 계속해서 이겨야 합니다. 과거에 아무리 잘나가는 인생을 살았다고 하더라도 지금 망한 삶을 살아간다면 그것은 비참한 인생입니다. 현재의 삶이 승리의 삶이 아니라면 과거의 것은 아무 소용이 없습니다.

 하나님께서 주시는 축복은 승승장구입니다. 이기고 또 이기며 계속해서 이기는 삶입니다.

그렇다면 어떻게 해야 이런 성장하는 삶을 살아갈 수 있을까요? '오직 여호와를 앙망하는 자'에게 하나님께서 이 축복을 주십니다. 계속되는 승리의 삶, 승승장구하는 삶은 사람에게 달린 것이 아닙니다. 오직 하나님 손에 달려있습니다. "부와 귀가 주께로 말미암고 또 주는 만물의 주재가 되사 손에 권세와 능력이 있사오니 모든 사람을 크게 하심과 강하게 하심이 주의 손에 있나이다(역대상 29장 12절)." 모든 독자 여러분이 오직 여호와를 앙망하며 하나님의 축복 안에서 승승장구하는 삶을 살아가게 되시기를 바랍니다.

2026년 2월 예원교회 담임목사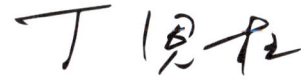

프롤로그

에필로그

승승장구하는 인생

乘 勝 長 驅
탈 승, 이길 승, 길 장, 몰 구

활력이 넘치는 인생

활력이 넘치는 인생

하나님의 말씀은 살아 있고 활력이 있어

좌우에 날선 어떤 검보다도 예리하여

혼과 영과 및 관절과 골수를 찔러

쪼개기까지 하며 또 마음의 생각과

뜻을 판단하나니

-히브리서 4장 12절

하나님 말씀은 살아있습니다. 하나님 말씀은 어제나 오늘이나 영원토록 동일합니다. 우리는 신앙생활을 통해 이를 실감해야 합니다.

하나님의 말씀은 살아 있고 활력이 있어 좌우에 날선 어떤 검보다도 예리하여 혼과 영과 및 관절과 골수를 찔러 쪼개기까지 하며 또 마음의 생각과 뜻을 판단하나니 _히브리서 4:12

이 말씀을 묵상하면서 체험하면 신앙생활이 달라집니다. 기도가 달라지고, 삶이 달라지고, 영적 자세가 달라지게 됩니다. 승승장구하는 삶, 승리하는 삶, 지금보다 더 나은 신앙생활을 하기 위해서 우리가 어떻게 해야 할까요? 오직 여호와를 앙망해야 합니다. 오직 하나님께로만 시선이 고정되어야 하는 것입니다.

우리가 어느 하나에 집중하지 못하고 이것을 해보다가 금방 그만두고, 저것도 해보다가 그만두고, 이러면 어떻게 되겠습니까? 절대 성공하지 못합니다. 하나에만 집중해야 성공할 수 있습니다.

신앙생활도 마찬가지입니다. 오직 교회만 바라보고, 오직 전도밖에 모르고, 오직 말씀만 따라가야 합니다. 이렇게 시선을 딱 고정하는 것이 바로 여호와를 앙망하는 삶입니다.

무엇에 중심을 두고 살아가느냐가 중요합니다. 하나님 중심이 아니라 사람 중심으로 살아가는 사람은 하나님께서 쓰시지 않습니다. 사람에게 의지해서 살아가는 삶은 사탄에게 당한 것입니다. 사람을 믿고 살아가서는 안 됩니다. 사람은 수시로 변하는 존재입니다. 오늘 좋았다가 내일 싫어지는 것이 사람입니다. 가족도 마찬가지입니다. 부모를 믿고 살아가야 합니까, 자식을 믿고 살아가야 합니까?

우리가 믿을 이는 단 한 분입니다. 우리가 무엇을 바라보고 앙망해야 하겠습니까? 바로 예수 그리스도입니다. 예수 그리스도만을 바라보며 시선을 고정해야 합니다. 이럴 때 주께서 우리에게 새 힘을 주시고 승승장구하게 하십니다.

이를 위해 필요한 것이 바로 영적 습관입니다. 인생은 습관의 모음집이라는 말이 있습니다. 우리의 행동 90%는 습관에 의한 것입니다. 자기 습관에 따라 행동하고, 생각하게 되어 있습니다. 그러므로 우리는 우리 자신의 영적 습관이 어떠한지 점검을 해야 할 필요가 있습니다.

이스라엘 백성들은 잘못된 습관을 가지고 있었습니다. 바로 불평과 원망입니다. 일이 잘 되어도 감사가 없고, 일이 잘못되면 금세 불평과 원망을 쏟아냈습니다. 창조적이고 복음적인 말은 없고, 입만 벌리면 부정적 말만 늘어놓았습니다. 이런데 어떻게 하나님께서 축복해 주실 수 있겠습니까? 결국 이 잘못된 영적 습관 때문에 이스라엘 백성들은 노예, 포로, 속국의 삶을 살았습니다.

이스라엘 백성들이 하나님 말씀을 몰라서 그랬을까요? 아닙니다. 그들은 태어나면서부터 하나님 말씀을 듣고 자랐습니다. 다 알면서도 실제적으로 믿지를 않았던 것입니다. 이는 영적 습관이 잘못되었기 때문입니다.

그렇다면 우리는 어떻게 해야 할까요? 성경적, 복음적 습관을 가져야 합니다. 그런데 불신자 상태로 살아왔던 사람들은 성경적, 복음적 습관을 금세 갖기가 쉽지 않습니다. 습관을 이렇게 바꾸기 위해서는 영적 리모델링을 해야 합니다. 영적 리모델링을 통해 완전히 달라진 새로운 사람이 되어야 하는 것입니다.

우리가 집을 리모델링 하면 어떻습니까? 집이 놀랍게 변화됩니다. 집이 몰라보게 바뀌어 예뻐지는 것이 리모델링입니다. 사람도 마찬가지입니다. 우리가 영적으로 리모델링을 하면 아름답게 변화됩니다. 이전의 모습과는 완전히 달라져서 못 알아볼 정도가 되는 것입니다.

자, 그렇다면 우리가 영적 리모델링을 하기 위해서는 과연 어떻게 해야 하는 것일까요? 예수님의 습관을 따라가야 합니다. 그 어떤 누구도 필요 없었습니다. 딱, 예수님만 따라가면 됩니다.

예수님께는 세 가지 습관이 있었습니다. 우리는 세 번의 강의를 통해 예수님의 영적 습관 세 가지를 살펴볼 것입니다. 이번 1강에서 말씀드릴 첫 번째는 바로 '예수님께서는 하나님의 말씀을 따라갔다'는 사실입니다. 우리도 이렇게 예수님처럼 하나님 말씀을 따라가야 합니다. 우리가 뉴스를 보고 그것을 따라가고, 책을 읽고 그것을 따라 살아가는 것이 아닙니다. 하나님 말씀 중심의 삶을 살아가야 합니다.

하나님 말씀에 순종했던 예수님께서는 늘 승승장구하셨습니다. 항상 완벽하게 승리하셨습니다. 우리는 이 습관을 따라가야 합니다. 강단에서 선포되는 말씀을 사모하는 마음을 가져야 하는 것입니다. 그래야 예수님처럼 승승장구할 수 있게 됩니다.

하나님 말씀은 살아있고 활력이 있습니다. 역동적입니다. 하나님 말씀이 내 삶 속에 살아서 역사하게 되면 어떻게 될까요? 하나님 말씀이 내 삶에 영향력을 입히게 되면 어떻게 될까요? 바로 승승장구하는 삶을 살아가게 됩니다. 말씀을 따라가는 사람에게는 하나님께서 언제나 승리하는 삶을 보장하여 주신다는 것을 믿으시기 바랍니다.

I. 착력의 밭판

우리가 어떻게 하면 활력 있는 신앙생활을 할 수 있을까요? 다음의 이야기에 그 답이 있습니다.

누가복음 2장 46~49절을 보면, 예수님이 열두 살 때 유월절을 지내기 위해 부모와 함께 예루살렘 성전으로 간 이야기가 나옵니다. 나사렛에서 부모님과 함께 예루살렘으로 온 예수님은 일주일동안 그곳에서 지냈습니다. 그리고 이제 유월절이 끝나고 나사렛으로 돌아가려 하는데 예수님이 보이지 않았습니다. 놀란 부모가 온 예루살렘을 찾다가 성전에 있는 예수님을 발견했습니다. 이에 어머니가 "근심하여 너를 찾았노라"라고 말하자, 예수님께서는 이렇게 대답하셨습니다.

어찌하여 나를 찾으셨나이까 내가 내 아버지 집에 있어야 될 줄을 알지 못하셨나이까 – 누가복음 2:49

이는 '내 아버지의 집에 있는 것', 즉 성전에 머무는 것이 인생의 우선순위임을 나타내는 말입니다. 이것이 바로 예배를 사모하는 마음입니다. 활력 있는 신앙생활을 위해서는 이렇게 예배가 중심이 된 삶을 살아야 합니다.

요한복음 2장 17절을 보면, 예수님께서 성전 정화 운동을 하셨다는 사실을 알 수 있습니다. 제자들은 예수님께서 하나님의 전을 사모하는 열심을 보았습니다. 예수님께서는 성전을 너무나도 사모하셨습니다. 우리도 이처럼 교회를 사모하는 열정이 있어야 합니다. 교회가 너무 좋고 사랑스러워야 합니다.

A.W. 토저 목사는 "예배는 복음주의 교회에서 찾아야 할 잃어버린 보석이다."라는 말을 했습니다. 지금 많은 교회가 예배를 잃어버린 상태입니다. 예배가 삶의 우선순위에서 밀려나 있습니다. 예배는 보석입니다. 우리가 반드시 찾아내야만 하는 것입니다. 여러분, 하나님 전에 나아와 예배 드리는 것이 최우선순위가 되어야 합니다.

바쁘고 중요한 일이 있다고 예배를 미루는 분이 있습니까? 지인의 결혼식이 있다고, 어디 놀러 가야 한다고 주일예배에 빠지지는 않습니까?

예배는 구원받은 성도의 기본입니다. 기본이 흔들려서는 안 됩니다. 이 기본이 흔들리면 삶 전체가 무너지고 맙니다. 최우선적인 영적 습관이 예배여야 한다는 사실을 잊지 마시기 바랍니다.

이렇게 예배를 사모한 뒤에 따라야 하는 것은 말씀 무장입니다. 예배는 참석한 것으로 끝나서는 안 됩니다. 성전에 와서 그저 앉아 있다가 가는 것이 아니라 말씀을 통해 영적 무장을 해야 합니다.

마태복음 4장 1~11절을 보면, 예수님께서 공생애 사역을 시작하시자 마귀가 시험을 하는 장면이 나옵니다. 이때 마귀는 시편 91편 11~12절의 말씀을 인용하여 예수님을 유혹하기도 했습니다. "하나님께서 천사를 시켜 네 발이 돌에 부딪히지 않도록 지켜준다고 하지 않았느냐"며 낭떠러지에서 떨어져 보라고 시험하였습니다.

사탄의 계략이 이처럼 교묘하고 야비합니다. 하나님 말씀을 가지고 유혹하니 자칫하면 당할 수밖에 없습니다. 그렇기 때문에 우리가 해야 할 것이 바로 정확한 말씀을 통한 영적 무장입니다.

강단 말씀으로 철저하게 영적 무장이 되어있지 않으면 사탄에게 당하게 됩니다. 말씀을 통해 영적으로 훈련되어야 싸움에서 이길 수 있습니다. 말씀이 여러분의 힘이 되어야 합니다. 등불이 되고, 지팡이가 되어야 하는 것입니다. 말씀이 성령의 검입니다. 말씀으로 철저하게 무장하여 영적 싸움에서 승리하게 되시기를 바랍니다.

II. 믿음의 승부사

앞에서 우리는 예수님께서도 사탄에게 시험을 당하셨다는 것을 알수 있었습니다. 우리도 마찬가지입니다. 우리에게도 시험이 닥칩니다. 그러면 어떻게 해야 할까요? 예수님께서 말씀으로 시험을 이기셨듯, 우리도 말씀으로 이겨야 합니다.

그러기 위해 필요한 것이 바로 말씀의 개인 적용입니다. 말씀을 개인에게 적용하지 못하면 신앙이 자라나지 않습니다. 그냥 좋은 말씀이로구나 하고 듣고 말면 아무 것도 되지 않습니다.

그러므로 누구든지 나의 이 말을 듣고 행하는 자는 그 집을 반석 위에 지은 지혜로운 사람 같으리니 –마태복음 7:24

말씀을 듣고 행하는 자는 반석 위에 집을 지은 지혜로운 자와 같다고 하였습니다. 반석 위에 지은 집은 무너지지 않습니다. 그러니 지혜로운 사람은 곧 무너질 곳이 아니라 반석 위에 집을 짓습니다.

우리의 신앙생활이나 삶도 마찬가지입니다. 지혜로운 사람은 말씀을 듣고 그대로 행합니다. 말씀을 개인화하고 삶 속에 적용하니, 지혜롭게 행동하고 지혜롭게 말하게 됩니다. 그러면 자연히 주위 사람에게 인정받을 수밖에 없습니다.

이것은 그저 권장사항이 아닙니다. 이렇게 살면 좋겠다는 것이 아닙니다. 반드시 따라야 하는 것입니다. 하나님의 말씀인 성경을 가볍게 보아서는 안 됩니다. 절대적으로 믿고 그것을 그대로 삶에 적용하여 절대적으로 실천해야 합니다. 그래야만 승승장구하는 삶을 살아가게 됩니다.

> 너희 염려를 다 주께 맡기라 이는 그가 너희를 돌보심이라 -베드로전서 5:7

염려를 다 주께 맡기시기 바랍니다. 그러면 어떻게 될까요? 모든 염려를 기도로 맡기면 예수님께서 여러분을 돌보아 주십니다. 우리는 이것을 체험해야 합니다.

이것을 통해 우리가 해야 할 것이 무엇입니까? 바로 말씀을 현장에 적용하는 것입니다. 우리는 우리의 현장, 삶의 현장에 말씀을 적용해야 합니다.

> 하나님이 세상을 이처럼 사랑하사 독생자를 주셨으니 이는 그를 믿는 자마다 멸

 이는 너무나 유명한 성경 말씀입니다. 이 말씀은 산헤드린 공회에서 니고데모와의 대화에서 나온 부분입니다. 니고데모가 어머니 뱃속으로 들어가야 거듭나고 영생을 얻느냐고 묻자 그에 대한 대답으로 하신 말씀입니다.

 예수님께 영생에 대한 말씀을 받은 후 니고데모는 완전히 달라졌습니다. 요한복음 19장 39절을 보면, 전에는 숨어서 예수님을 만나러 왔던 니고데모가 이제는 예수님의 시신에 향유를 바르러 올 정도로 완전히 자기 자신을 드러내게 되었습니다. 목숨 걸고 복음을 전하는 제자로 거듭난 것입니다.

 우리도 이러한 삶을 살아야 합니다. 눈앞의 유익을 바라볼 것이 아니라 언제나 말씀을 현장에 적용하는 삶을 살아야 합니다. 말씀을 삶 속에 적용하고 언제나 당당하게 복음을 전하며 신앙생활을 해 나아가시기를 바랍니다.

맺는 말

스위스의 정신과 의사인 폴 트루니에는 이런 말을 했습니다.

"인간에게는 두 가지 본성이 있다. 하나는 모험의 도전을 하는 본성이고 다른 하나는 안일하게 안정을 추구하는 본성이다."

우리는 어떤 삶을 살아야 할까요? "아무 일도 하지 않으면 아무 일도 일어나지 않는다"는 말이 있습니다. 이를 역으로 보자면, "새 일을 행하면 새 일을 체험할 수 있다"는 것과 같습니다.

하나님 말씀에 의지하고 도전하시기 바랍니다. 이익이 될지 손해가 될지 인간적인 계산을 하는 것이 아니라 온전한 믿음의 도전을 해야 합니다. 모든 독자 여러분이 말씀을 붙잡고 믿음으로 도전하여 승승장구의 응답을 누리게 되시기를 예수 그리스도의 이름으로 축복합니다.

활력이 넘치는 인생을 위한 기도

예배를 사모하는 성전 중심의 삶이
내 인생의 최우선 습관이 되게 하여 주옵소서!

말씀이 힘이 되고, 등불이 되며, 인생의 지팡이가 되고,
성령의 검이 되는 철저한 말씀 무장을 통해 영적 싸움에서
승승장구하는 언약의 사람이 되게 하옵소서!

강단에서 선포된 말씀의 절대성을 온전히 믿고 사실적으로
적용하는 삶을 살게 하옵소서!

주님께 내 삶을 온전히 맡기는 믿음을 가지고 눈앞의 환경과
실리를 떠나 드러난 제자의 삶을 살게 하옵소서!

생기가 충만한 인생

생기가 충만한 인생

예수께서 나가사 습관을 따라 감람 산에 가시매
제자들도 따라갔더니 그 곳에 이르러 그들에게 이르시되
유혹에 빠지지 않게 기도하라 하시고
그들을 떠나 돌 던질 만큼 가서 무릎을 꿇고 기도하여
이르시되 아버지여 만일 아버지의 뜻이거든
이 잔을 내게서 옮기시옵소서 그러나 내 원대로 마시옵고
아버지의 원대로 되기를 원하나이다 하시니
천사가 하늘로부터 예수께 나타나 힘을 더하더라

-누가복음 22장 39~43절

말씀은 거짓말을 하지 않습니다. 성경에는 반드시 성취될 말씀만 기록되어 있습니다. 되지도 않을 것을 된다고 하지 않습니다.

자신이 만약 불행한 삶을 살아가고 있다면, 불신자보다 못한 삶을 살아가고 있다면 그것은 하나님 말씀에 순종하지 않았기 때문입니다. 이스라엘 민족은 하나님께 선택받은 백성이었습니다. 하지만 하나님 말씀에 불순종했기 때문에 불신자인 블레셋, 애굽 민족보다 더 큰 고난을 당했습니다.

하나님 말씀에 순종하면서 기도 응답과 말씀 성취를 완전히 믿으시기 바랍니다. 이를 통해 여러분 인생을 리모델링해야 합니다. 하나님 능력 안에서 승승장구하는 삶을 살아가시기 바랍니다. 이를 위해 필요한 것이 성경적 신앙생활입니다. 성경적 신앙생활은 여러분의 삶을 온전히 주께 맡기는 것입니다. 모든 염려를 주께 맡기시기 바랍니다. 맡기지 않기 때문에 염려하고 걱정하고 불안한 삶을 살아가게 됩니다. 그런 삶에는 기쁨과 감사가 없습니다. 구원받은 하나님 자녀라면, 이 땅에 살면서 기쁨과 감사를 누려야 합니다. 여러분, 항상 기뻐하고 감사하는 삶을 살아가시기 바랍니다.

데살로니가전서 5장 16~18절을 보면, 항상 기뻐하고 범사에 감사하라고 되어 있습니다. 기쁨과 감사는 구원받은 하나님의 자녀가 이 땅에서 반드시 누려야 할 부분입니다. 그렇다면 어떻게 해야 기쁨과 감사를 누리게 될까요? 하나님 말씀을 믿으면 기뻐할 수밖에 없습니다. 말씀대로 살아가면 감사할 수밖에 없습니다. 말씀을 믿고 말씀대로 살아가는 것이 바로 성경적 신앙생활입니다. 우리는 이러한 성경적 신앙생활을 통해 기쁨, 감사, 평안, 행복을 회복해야 합니다. 이것들이 회복되면 신앙에 놀라운 변화가 일어나게 됩니다.

그러면서 우리는 예수 그리스도 중심의 삶을 살아가는 것입니다. 내 생각, 경험, 노력, 실력이 아니라 오직 예수 그리스도 중심이 되면 승승장구하는 삶을 살아갈 수밖에 없습니다. 이렇게 되면, Victory before fight! 이겨 놓고 싸우게 되는 것입니다.

이렇게 항상 이기는 사람, 승승장구하는 사람은 눈빛이 다릅니다. 영적 생기가 있습니다. 이런 사람은 말씀으로 무장되어 있기 때문에 절대 패배하지 않습니다.

 영적 생기가 충만한 사람, 영향력을 입히는 사람이 되기 위해서는 어떤 체질과 습관을 가져야 할까요? 우리는 예수님의 영적 습관을 따라가야 합니다. 1강에서는 예수님의 영적 습관 세 가지 중 첫 번째로, '하나님 말씀을 사모하고, 말씀을 따라가는 습관'에 대해 살펴보았습니다. 2강에서는 '날마다 기도하는 예수님의 체질과 습관'에 대해 말씀드리도록 하겠습니다.

 간절하고 진실된 기도를 하는 습관이 얼마나 중요한지 모릅니다. 그런데 기도를 할 때 그냥 자기 소원을 말하고 비는 것이 아닙니다. 무턱대고 하는 기도, 바위나 우상에게 하는 기도에 응답이 있을까요? 며칠 밤을 새워 기도한들 그런 기도에는 응답이 없습니다. 우리의 기도는 하나님 말씀에 근거한 기도가 되어야 합니다.

 예배를 통해, 말씀을 통해 언약을 붙잡고 그 언약 안에서 기도해야 하나님께서 응답을 주십니다. 우리가 언약 기도를 할 때 세상을 이길 수 있는 생기와 지혜가 생겨납니다. 언약 붙잡은 기도 체질로 여러분의 삶을 리모델링 하시기 바랍니다.

1. 예수님의 기도 습관

예수님의 기도 습관은 영적 무장이었습니다. 하나님의 전신갑주, 즉 진리의 허리 띠, 의의 호심경, 평안의 신, 믿음의 방패, 구원의 투구, 성령의 검이 바로 기도를 통한 영적 무장입니다. 왜 이런 영적 무장을 하는 것일까요? 바로 하나님께서 주시는 힘을 얻기 위함입니다.

마태복음 4장 2절을 보면, 예수님께서 공생애를 시작하시면서 40일 밤낮을 금식하며 광야에서 기도하셨습니다. 이스라엘의 광야는 풀도 나무도 없는 돌산입니다. 먹이를 찾는 들짐승들만이 다니는 곳입니다. 예수님께서 이 광야에서 금식하며 기도하신 까닭이 무엇일까요?

예수님은 이제 막 공생애를 시작하려 하셨습니다. 하나님 일의 시작을 앞두고 하나님께서 주시는 힘을 받으려 한 것입니다. 하나님 일은 자기 자신의 실력과 능력이 아니라 하나님께서 주시는 힘으로 해야 합니다.

하나님께서 주시는 힘을 받는 방법이 무엇일까요? 바로 기도입니다.

기도는 하나님의 방향에 내 자신을 맞추는 일입니다. 내 뜻대로, 내 생각대로 하는 것이 아니라 하나님 뜻이 이루지도록, 하나님 인도를 받도록 기도하는 것입니다.

새벽 아직도 밝기 전에 예수께서 일어나 나가 한적한 곳으로 가사 거기서 기도하시더니 -마가복음 1:35

예수님께서는 현장에서 많은 치유와 이적을 행하셨습니다. 그런데 현장에 나서시기 전에 반드시 했던 일이 있습니다. 그것이 무엇일까요? 바로 기도입니다. 예수님께서는 사역하러 가시기 전에 반드시 기도부터 하셨습니다.

우리도 마찬가지입니다. 현장에 갈 때 우선 기도부터 해야 합니다. 심방을 갈 때에도 현장에서 복음을 전할 때에도 우선 기도로 무장을 하고 현장으로 가야 합니다. 기도를 하지 않으면 시험에 들었을 때 이겨낼 힘이 없게 됩니다. 그러면 현장에서 말썽꾼이 될 수밖에 없습니다. 은혜 되지 않는 말을 옮기고 결국 마귀 심부름을 하는 꼴이 되고 맙니다.

예수님의 사역은 어땠습니까? 기도로 시작해서 기도로 끝났습니다. 누가복음 22장 36~46절을 보면, 예수님께서 십자가를 지시기 전에도 기도를 하셨다는 사실을 알 수 있습니다. 흘러 떨어지는 땀이 핏방울 같을 정도로 기도하셨습니다.

 고통스런 십자가 처형을 앞에 둔 예수님께서 어떤 기도를 하셨습니까? "내 원대로 마시옵고 아버지의 원대로 되기를 원하나이다"라고 기도하셨습니다. 우리의 기도가 이와 같아야 합니다. 자기 자신의 뜻대로 되게 해달라고 기도하는 것이 아닙니다. 하나님 뜻대로 되게 해달라고 기도해야 합니다. 그런 기도가 응답받는 기도입니다. 하나님 뜻대로, 계획대로, 시간표대로 100% 응답받게 되어 있습니다.

 예수님 공생애 사역의 가장 큰 특징은 바로 기도입니다. 예수님께서는 기도로 시작하시고, 기도로 진행하시고, 기도로 마무리하셨습니다. 그렇다면 우리는 어떻게 해야 합니까? 기도로 하루를 시작하고, 기도로 하루를 진행하고, 기도로 하루를 마무리해야 합니다. 여러분, 기도로 영적 무장을 해보시기 바랍니다. 기도하면 자기 자신을 초월해서 하나님의 권능을 체험하게 됩니다.

우리가 기도하지 않으면 어떻게 될까요? 영적 매너리즘에 빠지고 맙니다. 그러면 당연히 쓰임받는 존재가 되지 못하겠지요. 우리는 이 땅에서 영적 전쟁을 해야 하는 존재입니다. 이 영적 전쟁에서 승리하기 위해서는 하나님의 전신갑주를 입어야 합니다. 하나님의 말씀과 기도가 바로 전신갑주입니다. 기도의 강한 용사가 되어야 하는 것입니다. 기도에는 전투력이 있습니다. 기도하면 영적 강골이 될 수 있습니다.

이 기도의 힘을 가지고 전심으로 기도할 때 응답이 임합니다. 사도행전 1장 14절을 보면, 마가다락방에 백이십 명의 성도가 모여 집중 기도할 때 성령이 임했습니다. 이것이 세계를 복음화시키는 출발이 되었습니다.

또, 사도행전 12장 5절을 보면, 베드로가 옥에 갇혀 있을 때 온 성도가 함께 기도했더니 옥문이 열렸습니다. 마귀들이 베드로가 전도하지 못하도록 옥에 갇히게 했는데, 성도들이 교회에서 기도했더니 하나님의 명령을 받은 천사들이 옥에서 데리고 나왔습니다.

하나님 뜻에 맞추어 복음이 전해지도록 기도했더니 그 기도가 응답이 된 것입니다. 이것이 바로 중보기도의 힘입니다.

우리가 기도해야 할 까닭이 무엇입니까? 이 세상은 사탄이 장악하고 있습니다. 그렇기 때문에 기도하지 않으면 사탄에게 당할 수밖에 없습니다. 이 사탄 때문에 당하게 되는 문제를 하나님께서 해결하여 주십니다.

너는 내게 부르짖으라 내가 네게 응답하겠고 네가 알지 못하는 크고 은밀한 일을 네게 보이리라 -예레미야 33:3

언약을 붙잡은 우리의 간절한 기도, 집중 기도에 대해 하나님께는 반드시 응답하여 주십니다.

II. 바울의 기도 습관

내가 그리스도를 본받는 자가 된 것 같이 너희는 나를 본받는 자가 되라 −고린
도전서 11:1

바울은 '그리스도를 본받는 자'였습니다. 기도에 있어서도 바울은
예수 그리스도를 온전히 따랐습니다. 예수님의 습관 그대로 하려고
애썼습니다. 바울이 예수님의 습관을 따랐기 때문에 우리는 바울의
습관을 배우면 됩니다.

바울의 서신서를 보면, 바울은 항상 기도로 시작하고 기도로 끝을
냈습니다. 서신서에는 구구절절 바울의 기도가 나옵니다. 바울은 기
도의 힘, 기도의 비밀을 알고 있었습니다. 그렇기 때문에 기도로 세
상을 바꿔버렸습니다.

우리가 성령 안에서 기도하면 우리가 일을 하는 것이 아니라 하나님
께서 그 일을 행하여 주십니다. 우리는 기도를 통해 영적 대진표를
바꿔 버려야 합니다. 우리가 아니라 하나님께서 맡아서 하시도록 대
진을 바꾸는 것입니다.

다윗이 자신의 실력으로 골리앗에 맞선 것이 아닙니다. 사무엘상 17장 45절을 보면, "너는 칼과 단창으로 나오지만 나는 만군의 여호와 이름으로 나간다"고 하였습니다. 다윗은 자기 자신을 내세우지 않았습니다. 하나님을 자신의 앞에 내세웠습니다. 다윗과 골리앗의 싸움이 아니라 사실은 하나님과 골리앗의 싸움이었던 것입니다. 그러면 누가 이기겠습니까? 결과는 더 이상 말할 것도 없습니다.

여러분이 사람을 만나고, 일을 할 때에도 마찬가지입니다. 사업과 직장 현장 그리고 가정에서 문제에 부딪혔을 때, 기도를 통해 하나님께 그 일을 맡기시기 바랍니다. 자기 자신이 싸우는 것이 아니라 하나님께서 하시도록 영적 대진표를 바꿔 버리는 것입니다. 그러면 마음이 편해집니다. 모든 것을 맡기면 하나님께서 그 모든 일을 진행시켜 주십니다. 기도가 가장 효율적인 영적 투자라는 사실을 깨달으시기 바랍니다.

기도는 비상 활주로입니다. 비행기가 비상하려면 활주로가 있어야 합니다. 기도는 우리가 인생을 살아가면서 멋지게 날아오르도록 만들어 줍니다. 기도가 우리를 승승장구하게 해 주는 것입니다.

그렇다면 이 기도에 어떤 영적 유익이 있는 것일까요? 에베소서 3장 20절을 보면, 하나님께서는 우리가 구하거나 생각하는 모든 것에 더 넘치도록 능히 하신다고 되어 있습니다. 믿음이 작으면 작은 응답밖에 받지 못합니다. 분명한 응답의 확신을 가지고 기도하면 하나님께서 놀라운 유익을 주십니다.

기도의 아버지라 불리는 조지 뮬러가 이런 말을 했습니다.

"세상에는 단 하나의 빈곤뿐이다. 그 단 하나의 빈곤은 바로 기도의 빈곤이다."

기도하지 않으면 빈곤해집니다. 기도하면 풍요해집니다. 이것은 단순하지만 아주 강력한 영적 원리입니다.

"모든 것이 합력하여 선을 이룬다"는 로마서 8장 28절은 많은 사람이 좋아하는 성경구절입니다. 그런데 우리가 놓치지 말아야 할 구절은 앞의 두 절입니다.

이와 같이 성령도 우리의 연약함을 도우시나니 우리는 마땅히 기도할 바를 알지 성령이 우리의 연약함을 아시고 말할 수 없는 탄식으로 기도하여 주십니다. 28절에서 합력하여 선을 이룬다는 것은 바로 이 기도가 배경이 됩니다. 성령의 역사는 기도가 받침이 될 때 일어나게 된다는 사실을 깨달으시기 바랍니다.

맺는 말

"가장 위대한 기도는 하나님의 뜻을 찾는 것이고, 가장 위대한 삶은 하나님의 뜻에 순종하는 것이다."라는 말이 있습니다.

가장 위대한 기도는 바로 언약 기도입니다. 언약 기도는 강단 말씀을 붙잡고 순종하는 것입니다. 바울과 예수님의 습관은 바로 기도였습니다. 기도하는 사람은 하나님께서 모든 것을 보장하여 주십니다.

어려움 속에서 신앙생활을 하고 하나님께 순종하며 기도하는 사람은 하나님의 자존심입니다. 그렇기 때문에 그 사람의 모든 것을 보장하여 주십니다. 모든 독자 여러분이 하나님의 뜻과 의를 위해 기도하며 승승장구하는 삶을 살아가게 되시기를 예수 그리스도의 이름으로 축복합니다.

생기가 충만한 인생을 위한 기도

기도로 시작해서 기도로 공생애를 마무리하신 예수님처럼
언약 붙잡은 기도의 강한 용사, 영적 강골이 되게 하옵소서!

하나님의 보좌를 움직이고, 영권이 회복되며,
영적 싸움의 전투력이 상승하는
기도 무장을 통해 나를 초월하여 하나님이 행하시는 기적을
체험하게 하옵소서!

예수님을 온전히 따라간 사도 바울처럼 기도가
영적 습관이 되어 하나님께서 일하시는 증거를 체험하는
영적 투자의 거물이 되게 하옵소서!

우리가 구하거나 생각하는 모든 것에 더 넘치도록
능히 하시는 하나님을 온전히 믿고 기도로 얻는 놀라운 영적
유익들을 풍성히 체험하게 하옵소서!

나의 기도

미래를 살리는 인생

미래를 살리는 인생

예수께서 모든 도시와 마을에 두루 다니사

그들의 회당에서 가르치시며 천국 복음을 전파하시며

모든 병과 모든 약한 것을 고치시니라

무리를 보시고 불쌍히 여기시니

이는 그들이 목자 없는 양과 같이 고생하며 기진함이라

-마태복음 9장 35~36절

우리는 승승장구하는 영적 습관을 가지고 살아가야 합니다. 왜냐하면 사탄은 24시간 우리를 공격하기 때문입니다. 이 사탄은 우리를 사망의 음침한 골짜기로 자꾸만 끌고 갑니다. 그래서 활력과 생기가 없는 삶을 살아가도록 만듭니다.

사탄이 우리를 이렇게 공격할 때 사용하는 네 가지의 '망'이 있습니다. 바로 '절망, 욕망, 실망, 원망'입니다. 우리의 입에서 절망, 욕망, 실망, 원망의 말이 흘러나온다면 그것은 사탄의 공격에 당한 것입니다.

성령이 사용하고 있는 사람인지, 사탄이 사용하고 있는 사람인지는 그 사람이 쓰는 말을 들어보면 알 수 있습니다. 사탄이 사용하고 있는 사람은 절망, 욕망, 실망, 원망의 말을 합니다. 모두가 부정적입니다. 부모를 원망하고, 남편이나 부인을 원망하고, 자식을 원망합니다. 매사에 남 탓을 할 뿐 자기 자신을 돌아보지 않습니다. 이것은 모두 사탄이 심어주는 소리입니다.

우리는 이러한 삶의 태도를 바꾸어야 합니다. 다른 사람 때문에 내가 불행하다고 생각하면 스트레스만 쌓일 뿐입니다. 그런 삶의 태도에서 어떻게 행복을 느낄 수 있습니까?

우리는 여기에 맞서 차원이 다른 삶을 살아가야 합니다. 자기중심적이 아니라 예수 그리스도 중심으로 살아야 합니다. 자신감(自信感)이 아니라, 주신감(主信感)을 가져야 하는 것입니다. 이는 내가 주인이 아니라 예수 그리스도가 주인이 된 삶을 말합니다.

우리는 지난 1강과 2강에서 예수님의 영적 습관 세 가지 중 '말씀'과 '기도'에 대해 살펴보았습니다. 이번 3강을 통해서는 '현장'에 대해 알아보겠습니다.

예수님의 모든 관심은 언제나 현장이었습니다. 마태복음 9장 35~36절을 보면, 예수님께서는 현장을 두루다니시며 천국 복음을 전파하시고 병과 약한 것을 고치셨습니다. 또 현장의 무리가 목자 없는 양같이 방황하는 모습을 보시고는 몹시 불쌍히 여기셨습니다. 여기서 이어지는 37~38절을 보면, 예수님께서는 제자들에게 그들을 위해 추수할 일꾼을 보내달라는 기도를 하라고 하셨습니다.

현장에 관심이 있는 사람은 이렇게 기도의 내용이 다릅니다. 오직 초점이 현장의 영혼들을 구원하는 것에 맞춰져 있게 됩니다. 예수님의 이러한 영적 습관, 현장에 대한 관심을 보며 우리는 승승장구하는 삶의 비밀이 무엇인지를 깨달아야 합니다. 그리고 그 영적 비밀을 자신의 것으로 만들어야 합니다.

인자가 온 것은 잃어버린 자를 찾아 구원하려 함이니라 −누가복음 19:10

하나님의 최대 관심은 잃어버린 자를 찾아 구원하는 것입니다. 바로 이 하나님의 관심을 끄는 삶이 하나님 자녀의 모습이 되어야 합니다.

그런즉 너희는 먼저 그의 나라와 그의 의를 구하라 그리하면 이 모든 것을 너희에게 더하시리라 −마태복음 6:33

우리의 모든 관심이 하나님의 관심과 방향이 맞아야 합니다. 영혼 구원이 우리 모두의 관심이 되어야 하는 것입니다. 그러면 우리의 삶이 비로소 미래를 살리는 인생이 됩니다. 우리는 현실에서 허우적 거리는 삶이 아니라 미래지향적인 삶을 살아가야 할 것입니다. 여러분 모두가 하나님 나라를 위해 미래지향적으로 힘차게 나아가는 현장 공동체를 이루시기 바랍니다.

I. 예수님의 복음 전도

현장에는 고통당하고 있는 이들이 많습니다. 그들에게 어떻게 해야 복음을 전할 수 있을까요? 먼저 영혼을 사랑하는 마음이 있어야 합니다.

예수께서 그 곳을 떠나 지나가시다가 마태라 하는 사람이 세관에 앉아 있는 것을 보시고 이르시되 나를 따르라 하시니 일어나 따르니라 –마태복음 9:9

예수님께서 길을 가시다가 세관에 앉아있는 마태를 부르셨습니다. 마태는 유대인이었지만 로마 정부에 소속된 세관 공무원이었습니다. 로마 정부가 유대인을 세관원으로 임명한 이유는 유대인의 사정을 잘 아는 사람을 내세워 세금을 더 많이 거둬가기 위함이었습니다.

마태 자신은 세관원을 하면서 돈을 많이 벌 수 있었겠지만, 같은 유대인들에게는 미움과 멸시를 받았습니다. 유대 사회의 공공의 적이었던 마태는 마음속 깊은 곳에서 아마 절망감과 공허함을 느끼고 있었을 것입니다.

앞의 성경 말씀을 보면, 예수님께서 마태에게 "나를 따르라"고 하시니 그가 "일어나 따르니라"라고 나옵니다. 절망 속에 있던 그에게 놀라운 은혜를 베푸신 것입니다. 이 마태의 원래 이름은 레위였습니다. 그런데 예수님께서 그에게 마태라는 새 이름을 주셨습니다. 마태는 하나님의 선물이라는 뜻을 가지고 있습니다. 영적으로 죽어가는 그에게 새 생명을 주신 것입니다.

죽어가는 영혼에게 말씀을 집어넣어 살리는 것. 이는 영적 심폐소생술이라고 할 수 있습니다. 심장을 뛰게 하고 다시 살아나게 만드는 것이 바로 전도이고 선교입니다.

요한복음 4장 7절을 보면, 마을사람들을 피해 물을 길러 온 한 사마리아 여인이 나옵니다. 이 여인은 남편이 다섯이 있었으나 지금 있는 자도 남편이 아닐 정도로 과거가 복잡했습니다. 그래서 동네에서는 기피대상이었습니다.

그런 까닭에 영적 상실감을 가지고 있던 이 여인은 일부러 다른 사람이 잘 오지 않는 시간을 택해 우물로 왔던 것입니다. 그런데 영혼의 생명수 되신 예수님을 통해 놀라운 일이 일어났습니다. 죽어가는 영혼이 살아나는 치유가 일어났던 것입니다.

예수님을 통해 새 생명을 얻은 이 여인은 그길로 마을에 들어가 예수님께서 그리스도이심을 전파했습니다. 예수 그리스도의 치유로 거듭나게 되면 이렇게 변화된 삶을 살게 됩니다. 자신이 거듭났다는 사실을 전하지 않고는 견딜 수 없는 전도자가 되는 것입니다. 이것이 바로 완전 치유된 자의 모습입니다. 예수 그리스도로 인해 거듭난 우리의 삶이 이래야 합니다. 오직의 증인이 되어야 합니다.

> 내가 복음을 부끄러워하지 아니하노니 이 복음은 모든 믿는 자에게 구원을 주시는 하나님의 능력이 됨이라 먼저는 유대인에게요 그리고 헬라인에게로다 −로마서 1:16

복음은 하나님의 능력입니다. 우리는 이것을 전할 사명이 있습니다.

> 그런즉 너희는 먼저 그의 나라와 그의 의를 구하라 그리하면 이 모든 것을 너희에게 더하시리라 −마태복음 6:33

"먼저 그의 나라와 그의 의를 구하라"는 이 말씀을 분명히 붙잡고 나아가야 합니다.

> 오직 성령이 너희에게 임하시면 너희가 권능을 받고 예루살렘과 온 유대와 사마리아와 땅 끝까지 이르러 내 증인이 되리라 하시니라 −사도행전 1:8

예수님께서 우리에게 오직의 증인이 되라고 하셨음을 잊어서는 안됩니다. 하나의 영혼이라도 더 살려내기 위해 전도의 현장으로 나아가시기 바랍니다.

II. 다음세대 세우는 삶

다음세대를 세우는 것은 선택이 아니라 필수입니다.

> 그들이 조반 먹은 후에 예수께서 시몬 베드로에게 이르시되 요한의 아들 시몬아 네가 이 사람들보다 나를 더 사랑하느냐 하시니 이르되 주님 그러하나이다 내가 주님을 사랑하는 줄 주님께서 아시나이다 이르시되 내 어린 양을 먹이라 하시고 −요한복음 21:15

부활하신 예수님의 핵심적 메시지는 "내 어린 양을 먹이라"는 것이 었습니다. 예수님께서는 이를 세 번에 걸쳐 말씀하셨습니다. 그만큼 중요하다는 이야기입니다.

"요즘 청소년의 혈관에는 차가운 피가 흐른다"는 말이 있습니다. 지금의 청소년들이 얼마나 냉정한지를 가리키는 말입니다. 청소년들의 이런 체질을 바꾸는 방법은 하나밖에 없습니다. 예수 보혈의 피를 수혈하는 것입니다.

뜨거운 보혈의 피를 수혈하는 것, 다시 말해 복음 위에 굳게 설 수 있도록 언약을 전달하는 것이 중요합니다. 먼저 여러분의 자녀를 위해 기도의 후원자가 되시기 바랍니다. 매일매일 하나님 앞에 기도해야 합니다.

어떻게 기도해야 할까요? 여러분의 자녀가 세계 선교에 쓰임받게 해달라고 기도하시기 바랍니다. 여러 가지 기도제목을 놓고 기도하면서 마지막으로는 반드시 우리의 후대가 세계 선교에 쓰임 받도록 기도해야 합니다.

보지도, 듣지도, 말하지도 못하는 이른바 삼중고를 겪는 헬렌 켈러는 여덟 살 때 처음으로 교회에 갔습니다. 그때 주일학교에서 헬렌 켈러를 위해 축하 파티를 해주었습니다. 이 파티에서 많은 아이들이 그녀를 안아주고 입맞춤을 해주었다고 합니다. 집으로 온 뒤 설리번 선생님이 헬렌 켈러에게 교회에 대해 어떤 느낌을 받았는지 묻자 그녀는 이런 대답을 했습니다.

"교회는 사람을 행복하게 해 주는 곳이에요."

여러분, 교회는 이런 곳이어야 합니다. 찾아오는 사람을 행복하게 만들어야 합니다. 새가족부, 전도회, 구역 등 교회의 모든 기관이 이런 사역을 하시기 바랍니다.

지금 시대를 AI 시대라고 합니다. 과거와는 완전히 다른 세상이 되었습니다. 창의적인 인재가 필요한 시대입니다. 이 창의적인 인재를 성경적으로 표현하면 지혜로운 자라고 할 수 있습니다. 지식은 공부하면 되지만 지혜는 다릅니다. 지혜로운 자가 되기 위해서는 하나님께서 주시는 지혜를 받아야 합니다.

너희 중에 누구든지 지혜가 부족하거든 모든 사람에게 후히 주시고 꾸짖지 아니하시는 하나님께 구하라 그리하면 주시리라 –야고보서 1:5

하나님께서 우리에게 지혜를 후히 주시겠다고 말씀하셨습니다. 하나님께서 주시는 지혜는 AI를 넘어서는 창조적 지혜입니다. 하나님께 창조적 지혜를 받으시기 바랍니다.

그렇다면 이 지혜를 받기 위해서는 어떻게 해야 할까요? 앞의 성경을 말씀을 보면 "구하라 그리하면 주시리라"라고 되어 있습니다. 기도하면 하나님께서 창조적 지혜를 후하게 주실 것입니다. 기도하는 요셉을 하나님께서 애굽의 총리로 만드셨습니다. 기도하는 다니엘도 창조적 지혜를 통해 총리가 되었습니다. 하나님께서는 기도하는 다윗을 왕으로 세우셨습니다.

자녀를 위해, 다음세대를 위해서도 이 기도를 하시기 바랍니다. 이를 위해서는 먼저 예배를 통해 말씀을 듣고, 언약을 붙잡아야 합니다. 언약을 붙잡고 기도하면 하나님께서 반드시 응답하여 주십니다. 이를 통해 우리가 다음세대를 창의적 인재로 양육해야 할 것입니다. 이를 위한 기도가 바로 그 나라와 의를 구하는 기도입니다.

 그리고 우리가 해야 할 기도가 또 있습니다. 바로 산업의 땅을 차지하는 기도입니다. 전도와 선교 그리고 다음세대를 세우는 발판이 바로 산업의 응답입니다. 산업인들이 일어나 경제의 축복을 받아야 합니다.

 그렇다면 어떻게 해야 축복을 받을까요? 하나님께서는 선교하는 개인, 선교하는 산업인, 선교하는 교회를 하나님의 일에 사용하십니다. 그렇기 때문에 선교하는 교회에 온전히 방향을 맞춘 산업인을 하나님께서는 축복할 수밖에 없습니다. 다음세대를 세우는 발판이 되도록, 경제의 축복을 누리도록 헌신하고 기도하며 교회에 방향을 맞추고 나아가시기 바랍니다.

맺는 말

우리가 살아도 주를 위하여 살고 죽어도 주를 위하여 죽나니 그러므로 사나 죽으나 우리가 주의 것이로다 -로마서 14:8

우리의 삶은 주님을 위한 것이어야 합니다. 구원받은 하나님의 자녀라면 불신자와는 다른 가치관을 가져야 합니다. 살아도 주를 위하여 살고, 죽어도 주를 위하여 죽는 것입니다.

하나님께서는 전능자이십니다. 여러분의 사정과 어려움을 모두 알고 계십니다. 그러니 모든 것을 맡기고 주를 위해 사시기 바랍니다. 이를 통해 모든 독자 여러분이 파죽지세로 승승장구하게 되시기를 예수 그리스도의 이름으로 축복합니다.

미래를 살리는 인생을 위한 기도

언제나 현장을 바라보셨던 예수님의 마음을
가슴에 품고 잃어버린 자를 찾아 구원하기 원하시는
하나님의 최대 관심사를 이루는 삶이 되게 하옵소서!

현장을 향해 복음이 나의 자랑거리임을 당당히 선포하며
삶의 발걸음마다 오직의 증인으로 서는
증거가 있게 하옵소서!

교회가 복음적 회복의 현장이 되어 모든 다음세대가
복음 위에 굳게 설 수 있도록 확실한 언약 전달,
기도의 후원자가 되게 하옵소서!

다음세대를 올바로 세우고 전도와 선교의 발판이 되는
산업의 땅을 차지하는 언약적 도전이 있게 하옵소서!

나의 기도

독자 여러분, 신앙생활을 하면서 어떤 삶을 살아가야 할지 답을 얻으셨습니까? 우리는 하나님 안에서 항상 승승장구하는 인생을 살아가야 합니다. 계속되는 승리의 삶, 승승장구하는 삶은 사람에게 달린 것이 아닙니다. 오직 하나님 손에 달려있다는 사실을 깨달아야 합니다.

우리는 하나님 말씀 안에서 미래를 바라보아야 합니다. 그리고 미래를 살리는 삶을 살아야 합니다. 우리가 아무리 나이를 먹더라도 미래를 바라보는 비전을 가지면, 목표를 향해 나아가게 됩니다. 복음 안에서 비전을 바라보고 나아가는 것이 성경적 삶입니다.

복음은 Information, 정보가 아니라 Transformation, 변화입니다. 말씀은 사람을 변화시킵니다.

이번 3강의 말씀을 통해 여러분이 확실한 메시지를 붙잡으셨기를 바랍니다.

모든 독자 여러분이 '하나님 말씀을 사모하고, 말씀을 따라가는 삶', '날마다 기도하는 삶', '현장에 대해 관심을 갖는 삶'을 살아감으로써 승승장구하는 신앙생활을 하게 되시기를 예수 그리스도의 이름으로 축복합니다.

2026년 2월 김상주 목사

펴낸날	초판 1쇄 2026년 3월 10일
지은이	정은주
펴낸이	지무룡
펴낸곳	가스펠북스
기획	배성원
디자인	DALBOOKS
출판등록	109-91-93560
주소	서울시 강서구 화곡로 63길 65, 101호
전화	02) 2657-9724
팩스	02) 2657-9719
홈페이지	www.iyewon.org
값	10,000원
ISBN	979-11-995951-0-1(03230)